BEI GRIN MACHT SICH IHR WISSEN BEZAHLT

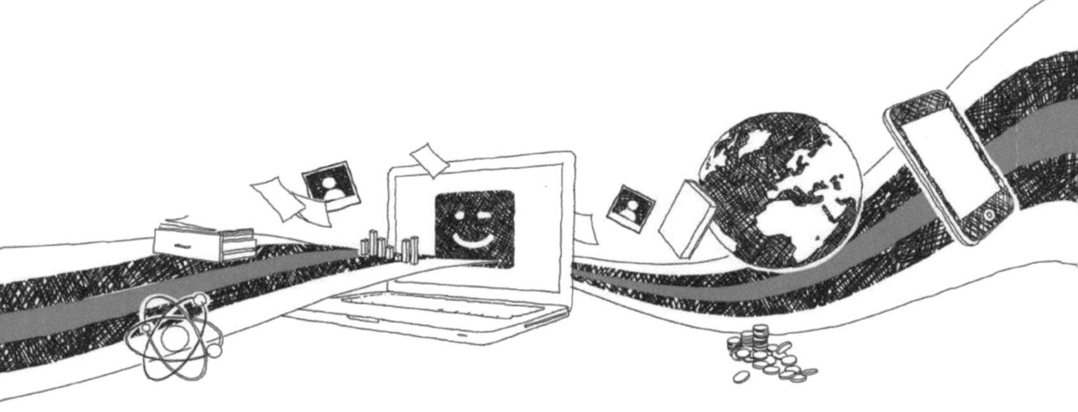

- Wir veröffentlichen Ihre Hausarbeit, Bachelor- und Masterarbeit

- Ihr eigenes eBook und Buch - weltweit in allen wichtigen Shops

- Verdienen Sie an jedem Verkauf

Jetzt bei www.GRIN.com hochladen und kostenlos publizieren

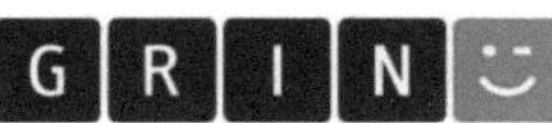

Die Skulpturen am Südquerhausportal des Straßburger Münsters. Eine Baugeschichte

Alexandra Roszkowski

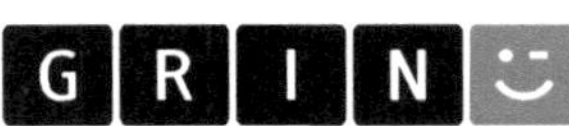

Bibliografische Information der Deutschen Nationalbibliothek:

Die Deutsche Nationalbibliothek verzeichnet diese Publikation in der Deutschen Nationalbibliografie; detaillierte bibliografische Daten sind im Internet über http://dnb.d-nb.de abrufbar.

ISBN: 9783346328007
Dieses Buch ist auch als E-Book erhältlich.

© GRIN Publishing GmbH
Nymphenburger Straße 86
80636 München

Alle Rechte vorbehalten

Druck und Bindung: Books on Demand GmbH, Norderstedt Germany
Gedruckt auf säurefreiem Papier aus verantwortungsvollen Quellen

Das vorliegende Werk wurde sorgfältig erarbeitet. Dennoch übernehmen Autoren und Verlag für die Richtigkeit von Angaben, Hinweisen, Links und Ratschlägen sowie eventuelle Druckfehler keine Haftung.

Das Buch bei GRIN: https://www.grin.com/document/976745

Universität Regensburg

Lehrstuhl für Kunstgeschichte

Hauptseminar: Gotische Skulptur in Frankreich und Deutschland

(12.-13. Jahrhundert)

Wintersemester 2015/16

Die Skulpturen am Südquerhausportal des Straßburger Münsters

Alexandra Roszkowski

Master of Arts

Fach: Kunstgeschichte (2. Semester)

Inhaltsverzeichnis

1. Einleitung

Das Straßburger Münster ist einer der bedeutendsten Bauten in Europa und feierte letztes Jahr sein hundertjähriges Bestehen. Eine Besonderheit bildet vor allem das Südquerhausportal und seine skulpturale Ausstattung, über deren Entstehung und Datierung noch heute keine Einigkeit in der Literatur herrscht. Im Folgenden soll zunächst ein kurzer Abriss der Baugeschichte, besonders des Südquerhauses aufgezeigt werden. Es folgt die historische Betrachtung der Skulpturen am Südquerhausportal, dabei besonders auch die Zerstörungen und Restaurierungsmaßnahmen. Danach werden die Skulpturen einzeln genauer betrachtet, beginnend mit den Gewändeapostel, die heute nicht mehr am Portal zu sehen sind. Wichtig sind auch die darüber liegenden Türstürze mit der Grabtragung und Himmelfahrt Mariens, die sich nicht mehr im Original am Portal befinden. Die heute noch erhaltenen Tympana am Südquerhaus zeigen Darstellungen des Marientodes und der Marienkrönung. An den Seiten und in der Mitte der beiden Portale lassen sich zudem drei Figuren, die Ecclesia, die Synagoge und ein König erkennen, die ebenfalls beschrieben werden. Es wird auch einer kurzer Blick in das Innere der Kathedrale geworfen, nämlich bei der Betrachtung des Gerichtspfeilers, der in seiner Form und seinem Inhalt eine Besonderheit darstellt. Darauf folgt die Frage nach einem Meister, die historische Einordnung und der Bezug zu anderen Kirchenbauten und ihren Skulpturen. Hierbei wird besonders auf die verschiedenen Ansätze von unter anderem Martina Bengel und Willibald Sauerländer eingegangen. Zum Schluss werden noch die einzigartigen Merkmale der Skulpturen herausgearbeitet und zusammengefasst.

2. Die Skulpturen am Südquerhausportal des Straßburger Münsters

2.1 Kurzer Einblick in die Baugeschichte

Der erste bekannte Bau (vgl. Abb. 1) an dem Platz des heutigen Straßburger Münsters wurde um 1015 unter Bischof Werner errichtet.[1] Im 12. Jahrhundert war die Geschichte des Gebäudes von mehreren Bränden geprägt. In den Jahren 1181 bis 1188 wurde der Chor- und Vierungsbereich inklusive Andreaskapelle sowie Teile der Westwände der Querhäuser neu erbaut. Die Arbeiten am Nordquerhaus fanden zwischen 1190 und 1210 statt. Danach löste die jüngere Südquerhauswerkstatt die ältere Nordquerhauswerkstatt ab, was Bengel zufolge fast fließend ablief. Nachdem die Johanneskapelle und der Kapitelsaal errichtet worden waren, fertigte man das Südquerhaus. Der Weltgerichtpfeiler im Inneren entstand wohl unter anderem aus bautechnischen Gründen zur selben Zeit wie die Skulpturen. Bei Vollendung des Südquerhauses errichtete man im

---

[1] Freigang, Christian: Meisterwerke des Kirchenbaus. Stuttgart 2009, S. 163.

Langhaus auch die Seitenschiffwände der ersten beiden Joche. Es folgte eine Planänderung, deren Grund nicht sicher genannt werden kann, welche jedoch die Vollendung der Turmaufsätze der Südquerhausfassade zur Folge hatte sowie das Einziehen des Kreurzippengewölbes im Südquerhaus. Um 1230/1235 endeten die Arbeiten der Südquerhauswerkstatt.[2]

2.2 Geschichte der Skulpturen

Das Doppelportal am Südquerhaus des Straßburger Münsters (vgl. Abb. 2) war für den Baumeister bereits vorgegeben. Ob schon Skulpturen daran errichtet waren ist unklar, jedoch eher unwahrscheinlich. Bei seiner Fertigstellung durch eine neue Bildhauer- und Steinmetzgruppe wurde das Portal des Südquerhauses mit Skulpturen neu geschmückt. Einige davon sind zur Zeit der Französischen Revolution vernichtet worden. Ein Stich von Isaak Brunn aus dem Jahre 1617 (vgl. Abb. 3) zeigt das Portal in seiner ursprünglichen Gestaltung. Jedoch muss man bedenken, dass der Stich erst 400 Jahre nach dem Bau des Portals entstand und durch die Hand des Künstlers eventuell eigens interpretiert wurde. Das Portalgewände zeigt drei Stufen mit Säulen, auf denen Doppelkapitelle angebracht waren. Auf diesen Säulen waren Skulpturen der zwölf Apostel errichtet, von denen heute nicht mehr als einige Köpfe übrig sind. In den Jahren 1811 bis 1828 wurden die vernichteten Doppelkapitelle und die Apostelskulpturen durch Säulenschäfte eingetauscht. Unzerstört blieben die Bogenfelder, in denen der Marientod und die Marienkrönung dargestellt sind. Im erwähnten Stich finden sich rechteckige Türsturzfelder mit Darstellungen der Grabtragung Mariens und der Himmelfahrt. Im Jahre 1811 wurden diese mit Hilfe von Nachbildungen des Bildhauers Etienne Malade wiederhergestellt, jedoch ist vor allem beim rechten Feld, also der Himmelfahrt, eine abweichende Komposition vom Original festzustellen. Zur linken und rechten Seite des Doppelportals finden sich zwei Frauengestalten, die an Säulen über hohen Sockeln angebracht sind. Dabei handelt es sich um die Figuren Ecclesia und Synagoge. Um das Jahr 1905 wurden die Originalskulpturen von ihrem Platz genommen um sie zu schützen. An ihre Stelle traten nach dem Ersten Weltkrieg bemalte Gipsfiguren, die Originale kann man heute im Musée de l'Œuvre Notre-Dame betrachten. Zentriert in der Mitte des Doppelportals befindet sich eine Königsskulptur, die auf einer Säule angebracht ist. Dabei handelt es sich Martina Bengel zufolge um Salomon, der einen gerechten Richter symbolisiert. Über dem König ist Christus als Salvator in einer Halbfigur dargestellt. Diese beiden Skulpturen sind nicht mehr die Originale, sondern wurden im Jahre 1828 von Jean Vallastre nachgebildet. Im Depot des Frauenhausmuseums ist ein

---

[2] Bengel, Martina: Das Straßburger Münster. Seine Ostteile und die Südquerhauswerkstatt. Petersberg 2011, S. 205-206.

Christuskopf aufbewahrt, der wahrscheinlich das Original war. Seitlich von der vermeintlichen Salomonfigur sieht man im Relief von Jean Vallastre zwei kleine Engelsfiguren, die wohl einst lediglich gemalt waren. Über der Grabtragung Mariens waren zwei und am Baldachin oberhalb der Mittelgruppe eine Engelsbüste angebracht, die jedoch nicht ersetzt wurden. Die Ecclesia, die Synagoge sowie die Bogenfelder mit den Mariendarstellungen wurden während der Französischen Revolution nicht zerstört. Dies verdanken sie dem Naturforscher Jean Hermann aus Straßburg. Im Jahre 1793 vergrub er einige Skulpturen des Münsters, wahrscheinlich auch die Ecclesia und Synagoge, im Botanischen Garten nahe des Bauwerkes. So konnten sie vor den Bilderstürmen geschützt und gerettet werden.[3] Den Tympana an dem Südportal bot er Schutz, indem er Bretter davor nagelte, auf denen die drei Worte „Liberté, Egalité, Fraternité" geschrieben waren. Die Apostelköpfe wurden, wie bereits erwähnt, nicht von der Zerstörung verschont.[4] Jedoch konnte man ein paar abgeschlagene Köpfe retten und in die Straßburger Stadtbibliothek schaffen. Erst im Jahre 1911 wurden sie als die originalen Gewändeapostel von Secker identifiziert. Die figürlichen Konsolkapitelle der Figuren Ecclesia, Synagoge und des Königs ersetzte man durch teilweise freie Nachbildungen. Auf dem Stich sieht man unter der Ecclesia eine unbekleidete jünglingshafte Gestalt. Der Bildhauer Malade machte daraus eine Mädchenfigur, die in ein enges Kleid gehüllt in vergleichbarer Haltung zu sehen ist. Über dem König war in der Konsole eine kniende Figur, die mit einem Tuch bedeckt war. Wahrscheinlich wurde durch Vallastre diese zu einer balgenden Frau. Unter der Synagoge wurde ebenfalls ein Kapitell erneuert, das jedoch außer den Knospen fast gänzlich der Stichdarstellung entspricht. Daran sind zwei balgende Jungen zu sehen. Auch die Baldachine der drei Figuren Ecclesia, Synagoge und des Königs wurden mehrmals ausgetauscht. Ebenso wurden Architekturteile erneuert, wobei man sich hier eng an die Originale gehalten hat. Es gab somit viele Restaurationsarbeiten an dem Portal, so vor allem auch im 20. Jahrhundert.[5]

2.3 Die Gewändeapostel

In dem Stich von Brunn sind an den Portalgewänden zwölf stehende Apostelfiguren zu erkennen. Die Skulpturen und Säulenschäfte waren wohl aus einem Block geschaffen worden. Man sieht zudem Nimben, die bis zum Kapitellring reichen und strahlenartiges Ornament besitzen. Diese

---

[3] Bengel 2011 (wie Anm. 2), S. 86-88.

[4] Secker, Hans Friedrich: Die Skulpturen des Strassburger Münsters seit der Französischen Revolution. Strassburg 1912, S. 38.

[5] Bengel 2011 (wie Anm. 2), S. 89.

waren wohl separat von den Köpfen, jedoch an den[6] „rückwärtigen Säulenschäften skulpiert"[7]. Die heute erhaltenen Köpfe weisen keine Spuren einer Befestigung auf. An den Gewändesteinen jedoch sind noch Spuren der Nimben zu erkennen, vor allem im rechten Portal an der äußeren Säule im östlichen Gewände. Wahrscheinlich fehlte hier beim Versatz der Skulpturen der Platz. Die Konsolen bestanden aus Kelchen mit Palmetten- oder Zungenblättern davor. In der oberen Reihe waren dabei die Knospen oder die Einrollungen der Blätter stärker ausgebildet. Auf dem Stich erkennt man zudem attische Basen mit einem größerem unteren Wulst. Die Höhe der Apostel betrug etwa 1,60 Meter, weshalb sie im Vergleich mit den Frauengestalten, Ecclesia und Synagoge, die schlank und etwa 40 cm größer waren, eher gedrungen wirken mussten. Fast alle Apostel trugen Bücher bei sich, bis auf Petrus, der den Schlüssel hielt, und dem Apostel links neben ihm, der eine Inschrift besaß. Die Apostel sind alle barfuß und in langen Kleidern und Mänteln zu sehen. Die Figuren sind zudem in Bewegung dargestellt, als wären sie im Gespräch miteinander. Dabei werden die Hände, die keine Attribute halten, als Redegestus genutzt. Ein wiederkehrendes Motiv ist das der verhüllten Hand. Es war besonders in der byzantinischen Kunst verbreitet und ist bei mindestens vier der Apostel zu finden. Diese Merkmale sind auch am Tympanon des Marientodes wiederzufinden.[8] Insgesamt sind sie Weigert zufolge gröber gearbeitet als beispielsweise die Darstellung des Marientodes und wirken schwerer. Auch das Gewand wirke nicht so fein gearbeitet wie in den Reliefs oder der Ecclesia- und Synagogenskulptur. Er datiert sie auf kurz nach 1249 und versteht sie somit als die jüngsten Skulpturen am Südportal.[9]

2.4 Die Türstürze

Historisch gesehen wurde das Münster Maria geweiht, weshalb auch sein Hauptfest am 15. August, Mariä Himmelfahrt, gefeiert wird. Die beiden Tympana in Rundbogenform wurden aus einem Block hergestellt, sowie im Hochrelief. Über die Jahrhunderte blieben sie relativ gut erhalten, bis auf Kleinigkeiten wie die Kronen von Christus und Maria bei der Darstellung der Marienkrönung.[10] Die Darstellungen in den Türstürzen wurden zerstört und sind nur durch den Stich von Brunn überliefert. Die originalen Türstürze sind allerdings erhalten, lediglich wurden im frühen 19. Jahrhundert in die Sturzblöcke Reliefplatten eingesetzt. Die Meißelspuren, die auf die Abarbeitung

---

[6] Bengel 2011 (wie Anm. 2), S. 102.

[7] Bengel 2011 (wie Anm. 2), S. 102.

[8] Bengel 2011 (wie Anm. 2), S. 102.

[9] Weigert, Hans: Das Strassburger Münster und seine Bildwerke. Berlin 1928, S. 66-68.

[10] Bengel 2011 (wie Anm. 2), S. 91.

der Relieffiguren weisen, sind unter den Baldachinen, die sich über der Szene befinden und im selben Block gearbeitet wurden, zu erkennen. An den Seiten sieht man auch noch Reste der alten Darstellungen.[11]

2.4.1 Die Grabtragung Mariens

Über der Darstellung der Grabtragung Mariens befindet sich ein Baldachin, der aus sechs Bögen mit Dreipass besteht (vgl. Abb. 4). Dabei ist der vierte größer und als Rundbogen gestaltet, wohingegen die anderen eher kleine zugespitzte Bögen bilden. Laut Bengel ist dem Stecher bei der Darstellung von Brunn (vgl. Abb. 5) hier ein Fehler unterlaufen.[12] „Er gibt an Stelle des größeren Rundbogens zwei Bögen wieder. An deren Seiten sind kleine heranfliegende Engelsfiguren platziert, die sicherlich keine Erfindung des Zeichners waren"[13], so Bengel. Im Bereich des Baldachins lassen sich keine Ausbesserungen erkennen, jedoch finden sich an den Seiten des Rundbogens Abarbeitungsspuren, die auf dort angebrachte Engel verweisen. Bengel zufolge liegt der Grund der Gestaltung des steinernen Baldachins darin, dass der Platz für sieben regelmäßige Spitzbogen zu schmal, für sechs jedoch zu breit war. Außerdem solle der breite Bogen wohl auch die Frauengestalt vor Maria und die Christusfigur hervorheben.[14]

Auf dem Grabtragungsrelief ist der Leichenzug der Apostel dargestellt. Zwei Jünger tragen auf Stangen den Sarg Mariens, der mit einem Tuch bedeckt ist. Außerdem sind drei weitere Apostel abgebildet, von denen sich der erste und der letzte rückwärts umdrehen. Vor Ort befindet sich noch der originale Türsturz, jedoch wurde die Darstellung während der Französischen Revolution abgemeißelt. Der Baldachin oben ist bewahrt worden sowie eine Tür am linken Rand. Am rechten Rahmen ist eine Lanzenspitze erhalten, die wahrscheinlich zu der Lanze des Gruppenanführers gehörte, die bereits im 17. Jahrhundert fehlte. Am Bogenfries des Baldachins befanden sich einst zwei Engel, die als Halbfiguren und mit gestreckten Armen dargestellt waren.[15] „Der Zug der Apostel ist durch das Schreitmotiv betont"[16]. Unter den Gewändern der Aposteln lassen sich ihre Beine erkennen. Bengel zufolge lasse sich somit die Darstellung der Kleidung mit der der Tympana, außer die der Weihrauchengel, vergleichen. Sie behauptet weiterhin, dass das Grabtragungsrelief

---

[11] Bengel 2011 (wie Anm. 2), S. 95.

[12] Bengel 2011 (wie Anm. 2), S. 95.

[13] Bengel 2011 (wie Anm. 2), S. 95-96.

[14] Bengel 2011 (wie Anm. 2), S. 96.

[15] Bengel 2011 (wie Anm. 2), S. 96.

[16] Bengel 2011 (wie Anm. 2), S. 96.

bereits im frühen 17. Jahrhundert nicht mehr ganz erhalten war. Der Stich zeige nämlich unterhalb des Sarges eine leere Fläche.[17]

2.4.2 Die Himmelfahrt Mariens

Bei der Himmelfahrtsdarstellung (vgl. Abb. 6) ist im Bereich des Baldachins ein zentraler weiter Bogen sowie seitliche davon je zwei Spitzbogen zu sehen. Sie besitzen alle Dreipassarkaturen.[18] Im Originalrelief (vgl. Abb. 7) ist Maria frontal und klein dargestellt und fährt in einem Tuch, das von zwei Engeln gehalten wird, zum Himmel hinauf. Die beiden Engel schauen zu ihr hinauf und stehen auf einem hügelartigen Untergrund. Die Marienfigur besitzt einen zur Seite leicht gebeugten Kopf und einen angewinkelten Arm und ihr Blick richtet sich nach oben. Jeweils vier Engel nähern sich ihr seitlich. Der Engel rechts unten zeigt ein Motiv, das aus der byzantinischen Kunst stammt, nämlich die durch ein Tuch bedeckten Hände. Der fünfte Engel zur rechten Mariens ist der Legende nach Apostel Thomas, der zu spät bei der Himmelfahrt ankommt und den Gürtel hingereicht bekommt, um die Aufnahme Mariens in den Himmel zu beweisen. Lässt man diese Figur außer Acht, so wirkt die Komposition der Szene symmetrisch, was auch durch die Architektur des Baldachins mit der breiten Mittelarkade und den beiden schmalen seitlichen Bögen verdeutlicht wird. Besonders auffällig ist die durchsichtige Eigenart des Tuches, durch das man die Beine Mariens sehen kann. Bengel sieht die Himmelfahrtdarstellung aus diesem Grund stilistisch auch in Verbindung zu den Tympana.[19]

2.5 Die Tympana

2.5.1 Der Marientod

Über dem linken Portal ist im Tympanon der Marientod dargestellt (vgl. Abb. 8). Man sieht die verstorbene Mutter Gottes und um sie herum haben sich Personen versammelt. In der Mitte findet man Christus, der eine kleine weibliche Figur im Arm trägt. Dies symbolisiert seine Entgegennahme der Seele von Maria. Die Gottesmutter liegt zentriert auf einem Bett mit zwei Stützen, das mit Tüchern bedeckt ist. Die Verstorbene trägt einen dünnen Mantel, unter dem der Körper und sogar Einzelheiten wie Zehen zu erkennen sind. Der Mantel umhüllt auch das Haupt von Maria, wobei seitlich lockige Haarsträhnen zu sehen sind. Die Beweglichkeit und Vitalität steht im Gegensatz zu ihrem sanften Gesichtsausdruck. Allgemein besticht es durch die ruhigen Augen

---

[17] Bengel 2011 (wie Anm. 2), S. 96.

[18] Bengel 2011 (wie Anm. 2), S. 96.

[19] Bengel 2011 (wie Anm. 2), S. 96.

und den Mund sowie die entspannten Gesichtszüge. Das Tympanon ist in Untersicht ausgeführt. Zu Marias Kopf und Füßen stehen die Apostelfürsten Petrus und Paulus und berühren sie an Schulter und Füßen, so dass es wirkt, als würden sie ihren Körper hochheben. Die beiden sind barfuß dargestellt mit stoffreichen Mänteln und einem Untergewand. Petrus besitzt lockiges Haar, ist jedoch am Hinterkopf kahl, was an eine Tonsur erinnert. Zudem hat er einen gelockten Bart, neigt sich über Maria und bildet mit seinem Arm eine Lehne für das Kissen, auf dem das Marienhaupt liegt. Die Beugung seines Körpers ist dieselbe wie die des Tympanonbogens und somit deutet er auf den in der Mitte stehenden Christus hin. Dies ist auch bei Paulus auf der anderen Seite des Bettes zu beobachten. Paulus ist außerdem mit wenig Haupthaar, einem vollen Bart und im Ausfallschritt dargestellt. Mit seiner rechten Hand fasst er Maria behutsam an ihr Bein und mit seiner linken greift er ein Mantelstück. Zentriert, aber doch herausgehoben aus der Gruppe ist Christus zu erkennen, der hinter dem Bett steht. Im Gegensatz zu den anderen Figuren besitzt er einen Heiligenschein. Er ist mit einem Unterkleid und einem Mantel bekleidet, wie auch die anderen Aposteln. Er blickt auf Maria und ist auch in seiner Haltung vollkommen auf sie konzentriert. Zudem neigt er seinen Kopf und dreht seinen Oberkörper, was durch schräg verlaufende Falten an seinem Gewand betont wird. An seiner Stirn finden sich Falten, die sich an die Form der Augenbrauen anpassen. Sein Haar schmiegt sich an seinem linken Ohr nach hinten und besitzt weiche Wellen und Strähnen so wie auch sein Bart. Christus wirkt jugendlich, ruhig und würdevoll und ist im Segensgestus dargestellt. In seiner linken Hand trägt er eine kleine mädchenhafte Figur, die die Seele Mariens widerspiegelt und fast schwebend wirkt. Zur Rechten und zur Linken Christi stehen jeweils fünf weitere Figuren, von denen jedoch nur einer klar zu deuten ist. Dabei handelt es sich um Johannes, der jugendlich und ohne Bart dargestellt wird. Er steht auf dem wertvollsten Platz, nämlich zur Rechten Christi, da er auch als sein Lieblingsjünger gilt. Die enge Beziehung zwischen Johannes und Christus zeigt sich außerdem in ihrer vergleichbaren Kopfhaltung und in der Berührung und Überschneidung im Segensgestus. Johannes stützt seinen Kopf auf seine rechte Hand und blickt fürsorglich auf Maria. Die anderen Figuren nehmen die Rundung des Tympanonbogens fächerförmig auf.[20]

Es lassen sich leichte Individualisierungen erkennen, jedoch sind die Figuren alle von demselben Typus. Die Gesichter haben eine breite Stirn, eingezogene Wangen und tiefliegende Augen. An sich wirken sie derb, bekommen jedoch durch die feine gearbeitete Lippen Sensibilität. Sie sind auch durch ihren nach Innen gewandten Blick als Jünger Christi zu erkennen. Dieser hebt sich durch sein schmales und weicher wirkendes Gesicht von der Gruppe heraus.[21]

---

[20] Bengel 2011 (wie Anm. 2), S. 91-94.

[21] Weigert 1928 (wie Anm. 9), S. 49-50.

Vor dem Bett Mariens ist außerdem eine sitzende Frau zu sehen, die das linke Bein aufgestellt und den rechten Fuß darunter geschoben hat. Der Untergrund ist unregelmäßig und soll wahrscheinlich den Erdboden darstellen. Ursprünglich waren neben ihr zwei Weihrauchgefäße zu sehen, die jedoch bis auf die Kettenbänder zerstört sind. Die Frau trägt ein langes Kleid und einen Mantel, der jedoch weder ihre Schulter, noch ihren linken Arm umhüllt. Sie hat lockiges Haar und ein Tuch auf ihrem Kopf gebunden. Sie blickt voller Sorge und mit ineinander gelegten Händen zu Maria hinauf. In der Kehle, die das Bogenfeld umläuft, sind Weinblattranken und Trauben zu sehen, die aus der Erde wachsen. Im Bogenscheitel fügen sie sich zusammen. Solche Naturdarstellungen und detailreiche Verarbeitung lassen sich im gesamten Tympanon wiederfinden. So beispielsweise auch an dem Kopfkissen Mariens, an den Ärmelsäumen der kleinen Marienfigur und an den Zehen der Aposteln.[22]

Das Relief mit der Darstellung des Marientodes birgt eine wichtige Besonderheit. Die flächige Erscheinung wird aufgelöst, indem durch die Schichtung der Figuren nach hinten ein Raum entsteht. Trotzdem ist die Darstellung eng an die Architektur gebunden und nicht frei von jener. So fügen sich beispielsweise Petrus und Paulus der Rundung des Bogens.[23]

2.5.2 Die Marienkrönung

Auch das Tympanon mit der Darstellung der Marienkrönung (vgl. Abb. 9) ist gut erhalten, bis auf die Kronen von Christus und Maria, die in Sandstein erneuert sind, und kleinere Details. Im Mittelpunkt der Anordnung sitzen Christus und Maria auf einer breiten Bank, auf der ein Kissen und ein Tuch zu sehen sind. Ihre Füße ruhen auf einer Bodenplatte, die mit Blattdekor aus Weinlaub, abwechselnd Weinblättern und Trauben, versehen ist. Christus ist als König dargestellt und hat eine Krone sowie einen Kreuznimbus. Er ist zu Maria gedreht und hält die Krone, die sie soeben bekommen hat, und erteilt mit seiner Rechten den Segen. Christus trägt ein Unterkleid, das man nur an den Ärmeln erkennt, und darüber ein langes Kleid mit Gürtel und weiten Ärmeln. Die unbekleideten Füße kommen unter dem Kleid zum Vorschein. Das Gesicht Christi ist fast im Profil dargestellt und er wendet sich Maria zu. Sein Mund ist etwas geöffnet und sein ebenmäßiges Gesicht besitzt lediglich auf der Stirn ein paar Falten. Sein Haar ist in gewellten Strähnen zu sehen und fällt unterhalb der Krone auf seine Schultern herab. Der Bart Christi ist relativ kurz und entspricht in etwa dem der Christusfigur in dem Tympanon des Marientodes. Christus überreicht Maria die Krone und sie nimmt sie voller Demut indem sie ihre Hände vor die Brust hebt entgegen

---

[22] Bengel 2011 (wie Anm. 2), S. 91-94.

[23] Weigert 1928 (wie Anm. 9), S. 47.

und neigt dabei leicht ihren Kopf. Ihre Kleidung ähnelt der Christi, sie ist ebenfalls in einem Untergewand, welches nur an den Ärmeln zu erkennen ist, bekleidet und besitzt darüber ein weites Kleid mit rundem Ausschnitt, das jedoch ohne Gürtel auskommt, und mit zwei glatten Ärmelbordüren versehen ist. Am Boden staucht sich der Stoff ihres Kleides, unter dem ihre zugespitzten Schuhe zu erkennen sind. Maria trägt ebenfalls einen Kronreif mit dreigeteilten Blättern und einem zentralen Kopf am Ende. Ihr Mund ist etwas geöffnet und in ihrem Blick liegt Erwartung. Sie besitzt ebenfalls gelocktes Haar. Die Pupillen der Figur wurden farblich angepasst, was Bengel zufolge auch erkennbar ist. Links und rechts von Maria und Christus sieht man je einen Engel mit großen, gefiederten Flügeln und einem Strahlennimbus. Die Flügel passen sich der Kehle an, die mit Blüten und Knospen versehen ist und das Bildfeld umgibt. Laut Bengel ist klar erkennbar, dass die zentrale Gruppe, also Maria und Christus, und die beiden Engel verschiedenen Bildhauern zuzuschreiben sind. Die Gewänder der Engel besitzen ihr zufolge weniger Falten, wirken dicker und fallen schwerer. Die Körperlichkeit sei bei ihnen im Vergleich zu den Maria- und Christusfiguren weniger ausgebildet, obgleich auch bei ihnen die Beine unter dem Stoff zu sehen sind. Die Köpfe ließen keine großen Unterscheidungen zu, bis auf die fülligere und knabenhafte Darstellung der Engelsköpfe und die detailreicher gearbeiteten Haare der zentralen Gruppe.[24]

Die Darstellung der Marienkrönung wirkt alles in Allem ruhiger als der Marientod. Weigert zufolge stammen diese beiden Reliefs von verschiedenen Bildhauern. Er erkennt den Unterschied zwar auch in dem unterschiedlichen Inhalt der Szenen, indem bei der Marienkrönung weniger Bewegung und Ausdruck zu sehen ist. Jedoch ist die Krönung ihm zufolge[25] „bedeutend nüchterner in der Auffassung, trockener und matter in allen Formen"[26]. So sieht er auch in der Gestaltung der beiden Frauenköpfe Unterschiede, wobei bei der Krönung der Kopf gröber und bei der Darstellung des Marientodes differenzierter gearbeitet sei. Weigert betont jedoch, dass sich der Künstler der Marienkrönung an dem des Marientodes orientiert hat und in diesem sein Vorbild sah, ihn aber nicht erreichen konnte. Einen großen Unterschied sieht er in der Ausarbeitung der Locken, vor allem bei den Engeln der Marienkrönung. Sie seien viel gröber und nicht so fein ausgearbeitet, wie die der Figuren beim Marientod.[27]

---

[24] Bengel 2011 (wie Anm. 2), S. 94-95.

[25] Weigert 1928 (wie Anm. 9), S. 50-51.

[26] Weigert 1928 (wie Anm. 9), S. 51.

[27] Weigert 1928 (wie Anm. 9), S. 51-52.

<u>2.6 Die Figuren Ecclesia, Synagoge und König</u>

Ebenfalls an dem Südportal des Straßburger Münsters zu sehen sind[28] „vor dem glatten Mauerstreifen der Portalumrahmung"[29] die drei Figuren Ecclesia, Synagoge und der König Salomon.[30] Diese gelten meist als Begleitfiguren des Jüngsten Gerichtes und beziehen sich hier wohl nicht auf den Marienepos, sondern auf den mittleren Pfeiler Innen.[31] Die Figuren sind zwei Meter groß, stehen auf kurzen Postamentsäulen und werden von Baldachinen bekrönt. Rechts sieht man Ecclesia (vgl. Abb. 10) aufrecht mit einer Krone, der Kreuzesfahne und dem Kelch mit dem Blut Christi stehen. Sie ist mit einem langen Kleid mit Gürtel und einem weiten Mantel bekleidet. Dieser wird von einer Agraffe in Vierpassform zusammengehalten. Ihr Seidenkleid schmiegt sich eng an den Körper und besitzt lange. senkrechte Faltenbahnen. Im unteren Bereich staut sich der Stoff und lässt ihre Füße als Schuhspitzen hervortreten. Der untere Teil des Körpers scheint dem Betrachter frontal entgegenzustehen, wobei auch das Stand- und Spielbein deutlich zu erkennen sind. Der Oberkörper der Figur dreht sich zur Portalmitte hin und auch der Kopf wird gedreht und ist dadurch im Profil zu erkennen. Die Darstellung zeigt Ecclesia als junge, große und schlanke Frau mit einem schönen Gesicht. Ihre Stirn ist hoch und glatt, ihre Augenbrauen fein und leicht geschwungen. Mit ihren mandelförmigen Augen wandert ihr Blick zu Synagoge hinüber. Ihre Lippen sind etwas geöffnet, ihr Haar gelockt. Es rahmt ihr Gesicht ein und besitzt spitz zulaufende Strähnen auf den Schultern. Die Hand, die den Kreuzstab hält, ist in das Fahnentuch gewickelt und fein gearbeitet. Der Stoff erstreckt sich glatt über den Handrücken und lässt die einzelnen Finger erkennen. Durch ihren Mantel wirkt sie standfest und würdevoll.[32]

Im Gegensatz dazu ist die Synagoge (vgl. Abb. 11) ohne Mantel und mit verlorenen Herrschaftszeichen dargestellt. Die Lanze in ihrer Rechten ist dreifach gebrochen und die Gesetzestafeln in ihrer Linken scheint sie kaum mehr halten zu können. Im Stich ist zu erkennen, dass ihre Krone zu ihren Füßen liegt. Ihr Haupt ist gesenkt, ihre Beine zum Portal gewandt, wohingegen der Oberkörper und der Kopf sich abwenden.[33] „Der Vergleich der Beinstellung und der Ausrichtung von Oberkörper und Kopf machen deutlich, dass die Drehbewegung der Ecclesia

---

[28] Bengel 2011 (wie Anm. 2), S. 97.

[29] Bengel 2011 (wie Anm. 2), S. 97.

[30] Bengel 2011 (wie Anm. 2), S. 97.

[31] Weigert 1928 (wie Anm. 9), S. 45.

[32] Bengel 2011 (wie Anm. 2), S. 97-100.

[33] Bengel 2011 (wie Anm. 2), S. 100.

von der Synagoge fortgeführt wird"[34], so Bengel. Durch die Falten des Gewandes wird die drehende Bewegung verdeutlicht. Ebenso wie Ecclesia ist auch Synagoge als junge, schlanke Frau dargestellt, jedoch mit einem eng anliegenden Kleid und keinem Mantel, wodurch ihr Körper besser erkennbar ist. Sie besitzt auch eine Agraffe, mit der das Kleid oberhalb der Brust zusammengehalten wird, jedoch ist diese eher schlicht. Oberhalb der Hüften trägt sie einen Gürtel. Ihr Gesicht ist durch eine Augenbinde gekennzeichnet, unter dem die geschlossenen Augen zu erkennen sind und die auf ihre Verblendung hindeutet. Synagoge wird mit lockigen Haaren dargestellt, jedoch hängen sie im Vergleich zu Ecclesia schlaff herunter. In vielerlei Hinsicht ist die Figur der Ecclesia als der Synagoge überlegen dargestellt, so unter anderem durch das eben erwähnte Haar. Auch wird Ecclesia mit stabiler Beinstellung und einem aufrechtem Kreuzstab gezeigt. Synagoge scheint eher unsicher aufgrund der Drehbewegung und der zerbrochenen Lanze. Ecclesia steht erhobenen Hauptes, neben dem auch das Kreuz zu sehen ist, wohingegen der gesenkte Kopf der Synagoge nochmals durch die abgeknickte Lanzenspitze heruntergedrückt wird. Wie bereits erwähnt scheint Synagoge die Gesetzestafeln nicht mehr länger halten zu können, Ecclesia hingegen hält den Kelch von unten und schützt damit noch ihren Körper. Die Gewände sind auch in den Fußbereichen unterschiedlich gearbeitet, so staut sich der Stoff bei Ecclesia um die Füße und bei Synagoge liegen dagegen die Falten ihres Gewandes flach auf. Auf ihrer Rückseite wurden beide Figuren nicht bearbeitet und zeigen unterschiedliche Spuren von Bildhauerwerkzeugen. Besonders interessant ist bei diesen beiden Figuren vor allem die emotionale Darstellung von zwei verschiedenen und sogar gegensätzlichen Charakteren, die miteinander im Dialog stehen.[35]

Zuletzt ist noch der König (vgl. Abb. 12) zu nennen, der ebenfalls dem Portal vorgelagert und nicht mehr im Original vorhanden ist. Es wurde wahrscheinlich zur Zeit der Französischen Revolution zerstört, ist jedoch auf dem Stich des Isaak Brunn (vgl. Abb. 13) dargestellt. Es gab auch schon Zweifel daran, ob die Skulptur auf dem Stich ein Original des 13. Jahrhunderts sei, Bengel zufolge ist dies aufgrund des dargestellten Gewandes mit dem erkennbaren linken Bein des Königs sowie den weich fallenden Faltenzügen unbegründet und weise auf die originale Königsfigur hin. Der König, der im Stich gezeigt wird, sitzt dem Betrachter frontal gegenüber. Er ist mit einem Tasselmantel, der dem des thronenden Christus der Marienkrönung ähnelt, bekleidet. Dieser fällt ihm schräg über die Beine und dazu trägt er ein langes Kleid, das anliegende Ärmel besitzt, sowie eine Blattkrone. Sein Bart ist kurz und seine Haare rollen sich seitlich zu großen Locken ein.

---

[34] Bengel 2011 (wie Anm. 2), S. 100.

[35] Bengel 2011 (wie Anm. 2), S. 100-101.

Zudem hält er ein Schwert auf seinen Knien, wobei sich in der Rechten der Schwertknauf und in der Linken die Scheide befindet. Der rechte Arm ist angewinkelt und es wirkt, als würde er jeden Moment das Schwert aus der Scheide ziehen. Hinter ihm ist ein pilasterartiger Vorsprung. Über der Skulptur findet sich eine halbfigurige Christusdarstellung. Er wird als Salvator mit einem großen Nimbus gezeigt und segnet mit seiner erhobenen rechten Hand, wohingegen er mit der Linken die Weltkugel hält. Über ihm findet sich ein Baldachin, der mit Zinnen und Türmen versehen ist. Auf dem Stich ist daran ein halbfiguriger Engel mit ausgestreckten Armen über dem Haupt Christi zu sehen. Sowohl der Baldachin, als auch die Christusbüste wurden wahrscheinlich zur Zeit der Französischen Revolution zerstört und abgenommen.[36]

2.7 Der Gerichtspfeiler

Zur selben Zeit wie die Westwand des Südquerhauses entstand auch der sogenannte Engels- bzw. Gerichtspfeiler (vgl. Abb. 14), der sich innen befindet, die Mittelstütze bildet und zur Aufnahme der Rippen des Gewölbes dient. Der Pfeiler ist kantoniert, 18,80 Meter hoch und hat einen achteckigen Kern mit einem Durchmesser von etwa einem Meter. Er besitzt Dienste, die teilweise ohne Unterbrechung ins Gewölbe über gehen.[37]

An dem Pfeiler finden sich Darstellungen, die das Ende der Welt symbolisieren. Unten sieht man die vier Evangelisten (vgl. Abb. 15 und Abb. 16), die den Menschen die Lehre Gottes beibringen und ihnen das Gericht prophezeien. In den Sockeln finden sich ihre Symbole, der Engel, der Stier, der Löwe und der Adler. Im mittleren Geschoss sind Engel mit Posaunen (vgl. Abb. 17) dargestellt, die das Gericht verkünden. Über diesen finden sich drei Engel mit den Leidenswerkzeugen, der Dornenkrone, dem Kreuz und der Lanze. Ebenso ist in dieser Zone Christus zu sehen und an seinem Sockel die Auferstehung der Toten. Es wird also nicht das Jüngste Gericht selbst dargestellt, sondern der Augenblick danach.[38] Die Figuren sind alle auf Konsolen und unter einem Architekturbaldachin dargestellt. Die Tatsache, dass das Weltgericht an einem Pfeiler gezeigt wird, ist einzigartig und auch ikonographisch unterscheidet er sich von anderen Darstellungen. Die normalerweise gezeigten Seligen und Verdammten sowie Maria und Johannes, die als Fürbitter der Menschheit gelten, fehlen hier. Ebenso wie der Erzengel Michael und die zwölf Apostel. Insgesamt fällt auf, dass die Figuren für die Architektur konzipiert wurden, sie berücksichtigen den Standpunkt

---

[36] Bengel 2011 (wie Anm. 2), S. 101.

[37] Bengel 2011 (wie Anm. 2), S. 77.

[38] Weigert 1928 (wie Anm. 9), S. 53-59.

des Betrachters und sind nach oben hin immer weniger fein gearbeitet.[39] Außerdem sind hier im Vergleich zu anderen Darstellungen des Jüngsten Gerichts Nebenfiguren zu sehen, die hier die Hauptrolle spielen, so beispielsweise die Posaunenengel, die sich sonst eher in den Zwickeln befinden. Auch die Engel mit den Leidenswerkzeugen sind sonst nicht so betont dargestellt. Die Evangelisten in Straßburg bilden eine Besonderheit durch ihre menschliche Gestalt, da sie sonst meist nur durch ihre Symbole vertreten waren. Im Gegensatz zu einem Relief hatte der Meister am Pfeiler die Möglichkeit, die Höhe in seine Darstellung miteinzubeziehen. Dies geschieht zum Beispiel vor allem durch die vier Hauptdienste, die ohne Unterbrechung ins Gewölbe übergehen. Bei den anderen Diensten hingegen sind lediglich Konsolen und Baldachine und zwischen ihnen die Figuren zu sehen. Die Skulpturen im unteren Geschoss sind 1,90 Meter, im mittleren 1,76 Meter und im obersten 2 Meter hoch. Somit bildet das mittlere Geschoss eine Art Ritardando in der Aufwärtsbewegung und verleitet den Betrachter dazu, innezuhalten und die Figuren zu betrachten. Horizontal wird der Pfeiler ebenfalls gegliedert, nämlich durch die Baldachine, die in jedem Geschoss zu finden sind und sich jeweils auf gleicher Höhe befinden. Jedoch wirkt dies nicht starr, da auch die Diagonale betont wird, beispielsweise durch die verschiedenen Körperdrehungen der Figuren. Christus selbst ist Weigert zufolge ausdrucksärmer und nicht so fein gearbeitet wie die anderen Skulpturen, weshalb er einen anderen Meister vermutet. Die restlichen Skulpturen des Pfeilers würden Parallelen zu den Darstellungen im Marientodtympanon zeigen. So ähneln sich laut Weigert beispielsweise die Köpfe der Evangelisten und der Apostel, der Blick und die Gewandung. Besonders an den Skulpturen des Pfeilers ist der Bewegungsreichtum, sowohl des Körpers, als auch des Gewandes und der gesamten Komposition.[40] Sauerländer sieht als wichtigste Züge der Skulpturen am Gerichtspfeiler vor allem die überlängten Körperproportionen und dabei besonders eine gedehnte untere Körperhälfte. Diese geht ihm zufolge einher mit einem Schreitmotiv und überkreuzten Beinen. Dabei werde keine Beweglichkeit in den Gelenken sichtbar.[41]

2.8 Meisterfrage und Einordnung

Die Forschung beschäftigt sich seit langem mit der Frage nach dem Meister bzw. den Einflüssen für das Straßburger Südquerhaus. Zu Beginn des 20. Jahrhunderts sprach man von einem

---

[39] Bengel 2011 (wie Anm. 2), S. 108-110.

[40] Weigert 1928 (wie Anm. 9), S. 53-59.

[41] Sauerländer, Willibald: Von Sens bis Strassburg. Ein Beitrag zur kunstgeschichtlichen Stellung der Strassburger Querhausskulpturen. Berlin 1966, S. 7-9.

Ecclesiameister, dem man die gesamten Bildwerke zuordnete.[42] Bereits 1894 hat Vöge die Darstellungen als zusammengehörig und aus einem Atelier stammend eingeordnet.[43] Er sah die Anlehnungen vor allem in der byzantinischen Kunst und glaubte an eine lokale Werkstatt in Straßburg.[44] Sein Schüler Karl Franck-Oberaspach hingegen meinte die Chartreser Schule am Südquerhaus in Straßburg zu erkennen. Vöge hingegen beharrte auf dem byzantinischen Vorbild und nannte dafür beispielsweise den Griff in den Bart und die Hand, die an das Gesicht gepresst wird. Bengel zufolge sind diese Motive jedoch schon früh in der westlichen Kunst angekommen und somit nicht zwingend eine Anleihe an die byzantinische. Sowohl Dehio, als auch Schmitt und Panofsky glaubten an die Arbeit der Chartreser Schule in Straßburg, betonten hier jedoch auch eine emotionalere und dramatischere Darstellung. Jantzen räumte später ein, dass es sich in Straßburg um einen individuellen Charakter und somit einen eigenständigen Baustil handele, der jedoch auch von der Byzanz, Antike und Burgund beeinflusst sei.[45] Sauerländer hingegen sah Sens als Ausgang einer Stilentwicklung, die sich über die Querhausskulpturen in Chartres nach Burgund und in die Franche-Comté ausbreitete und im Südquerhaus in Straßburg aufgenommen wurde. Der Ursprung des Stils sei in der Senser Kathedralplastik, von wo aus Bildhauer im zweiten Jahrzehnt des 13. Jahrhunderts nach Chartres gekommen wären.[46] Besonders die Werke des sogenannten „Königskopfmeisters" seien davon beeinflusst. Durch eine Baukrise in Chartres sollen die Bildhauer nach Dijon, Besancon, Straßburg und Nevers fortgegangen sein.[47]

Auch Bengel zufolge kann man Ähnlichkeiten zwischen den Archivoltenfiguren im Mittelportal in Sens und den Skulpturen am Straßburger Südquerhaus finden. Ein Beispiel hierfür sei der Diakonmärtyrer in Sens (vgl. Abb. 18), dessen Sitzmotiv und Faltenwurf dem der Maria in der Marienkrönung in Straßburg ähnelt. Auch die Flügel der Engelsfiguren (vgl. Abb. 19) in Sens könne man mit denen der Marienkrönung vergleichen. Häufig findet man auch den Vergleich der Tugendskulptur (vgl. Abb. 20) in den Archivolten in Sens und der Ecclesia in Straßburg, sowie der Trumeaufigur des Hl. Stephan (vgl. Abb. 21) und den Engeln am Weltgerichtspfeiler in Straßburg. Bengel zufolge könne man auch die Skulpturen nicht völlig aus Chartres herleiten, da sie[48]

---

[42] Bengel 2011 (wie Anm. 2), S. 120.

[43] Bengel 2011 (wie Anm. 2), S. 129.

[44] Sauerländer 1966 (wie Anm. 41), S. 7-9.

[45] Bengel 2011 (wie Anm. 2), S. 129-130.

[46] Sauerländer 1966 (wie Anm. 41), S. 3.

[47] Bengel 2011 (wie Anm. 2), S. 131-132.

[48] Bengel 2011 (wie Anm. 2), S. 145-152.

„ungestümer, leidenschaftlicher, weniger maskenhaft und steif"[49] seien. Weitere Anleihen ließen sich ihrer Meinung nach auch in Reims finden, so in den frühesten Bauabschnitten der Kathedrale und den älteren Bauplastiken. Hierbei nennt sie die Christophoren (vgl. Abb. 22), bei denen es sich um eine Gruppe von sechs Propheten handelt, die im rechten Gewände des südlichen Westportals zu sehen sind und um 1210 datiert werden. Sie hätten Ähnlichkeiten zu den Apostelfiguren im Straßburger Südquerhaus, vor allem bei der Betrachtung der Gewandmotive. Ebenso würden die Figuren der Evangelisten am Gerichtspfeiler verwandte Darstellungsmotive aufweisen. Weitere Ähnlichkeit bestehe in der Darstellung der Haarsträhnen. Sie rollen sich unten ein und manche Figuren besitzen Locken, die mittig oberhalb der Stirn platziert sind. Auch zwischen dem Weltgerichtsportal am nördlichen Querschiff in Reims und den Skulpturen in Straßburg lassen sich Bengel zufolge Analogien finden. So beispielsweise in der Figur des Christus als Weltenrichter (vgl. Abb. 23) und in Straßburg die Christusfiguren am Marientod, der Krönung und dem Gerichtspfeiler (vgl. Abb. 24). Allgemein kann man sagen, dass die Arbeiten am Südquerhaus wahrscheinlich in den 1210er Jahren begannen. Bengel zufolge war vor 1225 die meiste Arbeit an der Architektur und den Bildwerken vollendet. Mit den östlichen Langhausjochen hätte man in den frühen 1230er Jahren angefangen und um 1233, als die Bauarbeiten in Reims unterbrochen wurden, wären Steinmetze nach Straßburg gekommen und an der skulpturalen Verzierung des Lettners beteiligt gewesen.[50] „Erstaunlich ist, dass die Werke der Südquerhauswerkstatt zurück in den Westen strahlten, der Einfluss des Südquerhausateliers also ein größerer ist als gemeinhin angenommen"[51], so Bengel.[52]

3. Die Besonderheiten der Skulpturen am Straßburger Münster

Es gab noch zahlreiche Deutungen und Theorien zu den Einflüssen und Vorbildern des Südquerhauses in Straßburg, die nicht alle aufgeführt werden können. Selbstverständlich sind auch die in dieser Arbeit verwendeten Werke von beispielsweise Bengel und Sauerländer nicht kritiklos aufgenommen worden. Wichtig war es, besonders im letzten Abschnitt, einen Überblick zu schaffen und die vorherrschenden Tendenzen aufzuzeigen. Festgehalten werden soll, dass man sich in der Forschung vor allem im Bezug auf die Datierung nicht ganz einig ist und keine sicheren Beweise

---

[49] Bengel 2011 (wie Anm. 2), S. 152.

[50] Bengel 2011 (wie Anm. 2), S. 154-156.

[51] Bengel 2011 (wie Anm. 2), S. 156.

[52] Bengel 2011 (wie Anm. 2), S. 154-156.

vorhanden sind. Bei der Beschreibung der Skulpturen fallen jedoch einige Besonderheiten und Merkmale auf.

So sind laut Weigert die skulpturalen Darstellungen des Doppelportals im Süden der Architektur untergeordnet und unterstreichen ihre Eigenarten, so die Rahmen, die Gewände, den Mittelpfeiler und die Bogenfelder. Diese enge Verbindung beruht ihm zufolge darauf, dass die architektonischen Elemente und die Skulpturen in einer Werkstatt entstanden sind.[53]

Was den Stil der Skulpturen am Straßburger Südquerhaus besonders auszeichnet sind zum einen ihre Schlankheit und die langen, dünnen Gewände, die sie tragen. Der Stoff schmiegt sich an die Körper oder bildet feingratige Faltbahnen. An manchen Stellen ist er sehr glatt, fast ohne Falten, wobei sich zum Teil Gliedmaßen deutlich abzeichnen. So lassen sich teilweise Hände unter dem dünnen Stoff erkennen. Von einer hohen Qualität und großem Können zeugen vor allem die feingearbeiteten Gesichter sowie die differenzierte Gestaltung der Gewandungen. So hat man Faltenstege hinterschnitten und Haarpartien sowie Körperteile frei gearbeitet, was zu Schattenbildung führt. Die Körper haben eine Lebendigkeit gemeinsam, die durch eine Drehung, teilweise auch der Köpfe, entsteht. Sie besitzen oft Stand- und Spielbein und die Gelenke sind meist gebogen. Diese Emotionalität und die expressive Darstellung ist hier besonders als Merkmal zu nennen und kennzeichnend für die Skulpturen am Straßburger Südquerhaus.[54]

---

[53] Weigert 1928 (wie Anm. 9), S. 46.

[54] Bengel 2011 (wie Anm. 2), S. 133-134.

Literaturverzeichnis

Bengel, Martina: Das Straßburger Münster. Seine Ostteile und die Südquerhauswerkstatt. Petersberg 2011.

Freigang, Christian: Meisterwerke des Kirchenbaus. Stuttgart 2009.

Sauerländer, Willibald: Von Sens bis Strassburg. Ein Beitrag zur kunstgeschichtlichen Stellung der Strassburger Querhausskulpturen. Berlin 1966.

Secker, Hans Friedrich: Die Skulpturen des Strassburger Münsters seit der Französischen Revolution. Strassburg 1912.

Weigert, Hans: Das Strassburger Münster und seine Bildwerke. Berlin 1928.

Abbildungen

Abbildung 1: Straßburger Münster, Grundriss mit ottonischen Fundamenten eingezeichnet.

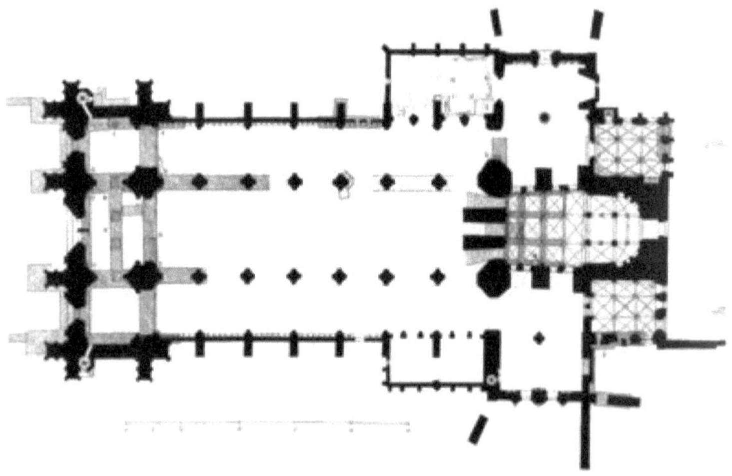

Abbildung 2: Straßburger Münster, Südquerhausportal, Zustand 2009.

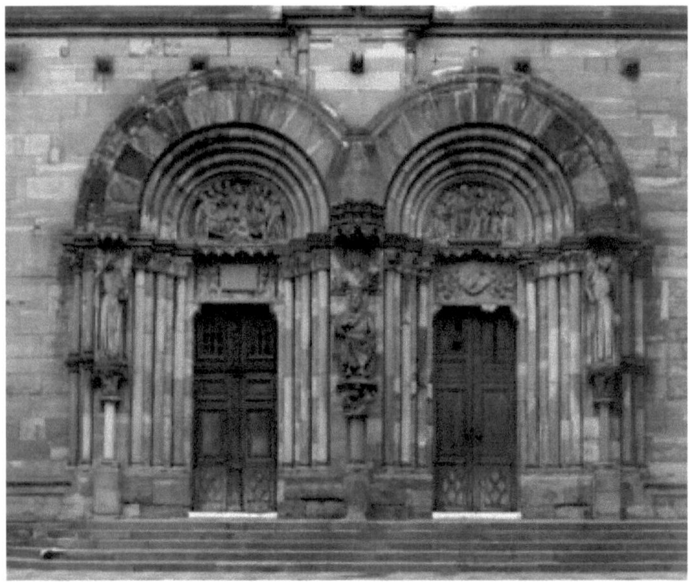

Abbildung 3: Straßburger Münster, Stich des Südquerhausportals von Isaak Brunn.

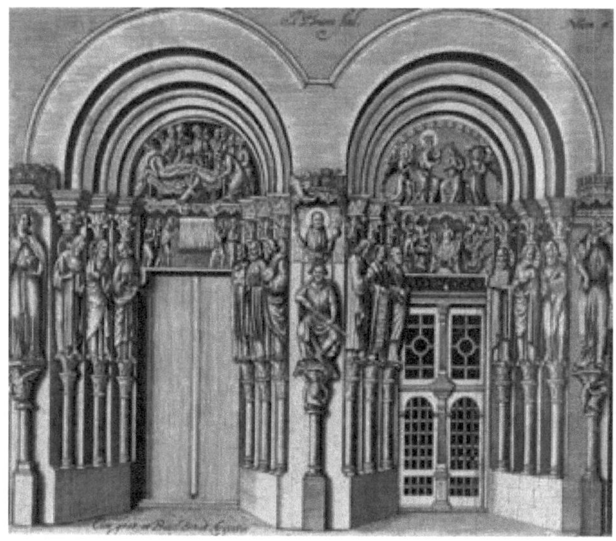

Abbildung 4: Straßburger Münster, Südquerhausportal, Grabtragung Mariens im Türsturz.

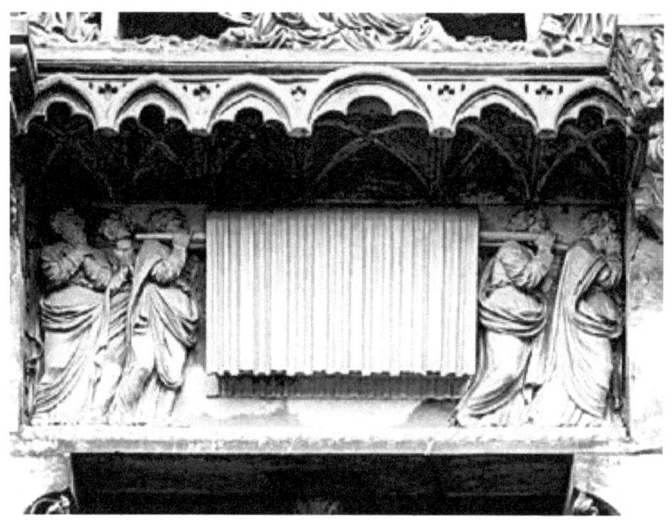

Abbildung 5: Straßburger Münster, Südquerhausportal, Grabtragung Mariens im Türsturz auf Stich
von Isaak Brunn.

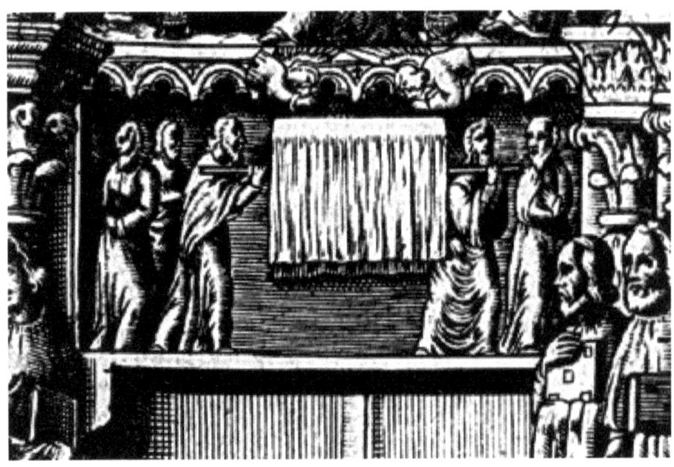

Abbildung 6: Straßburger Münster, Südquerhausportal, Maria Himmelfahrt.

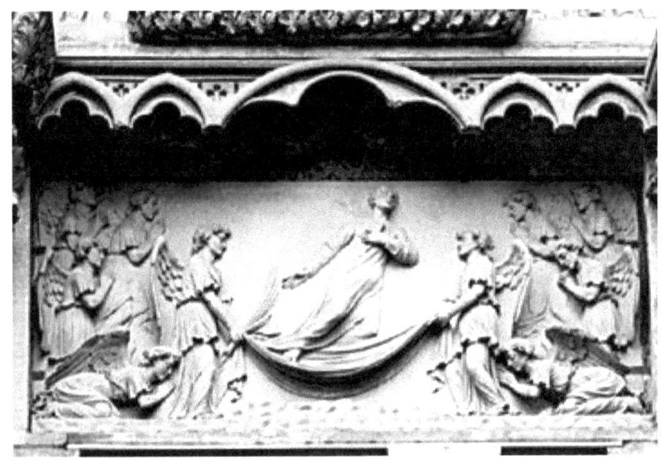

Abbildung 7: Straßburger Münster, Südquerhausportal, Maria Himmelfahrt auf Stich von Isaak Brunn.

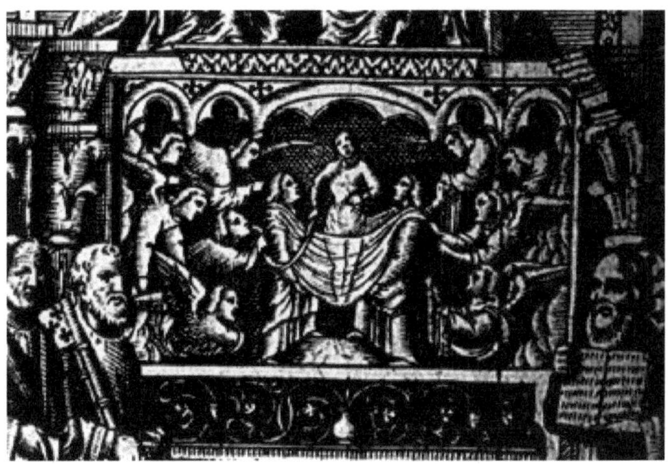

Abbildung 8: Straßburger Münster, Südquerhausportal, Marientod im Tympanon, Fotografie von 1890.

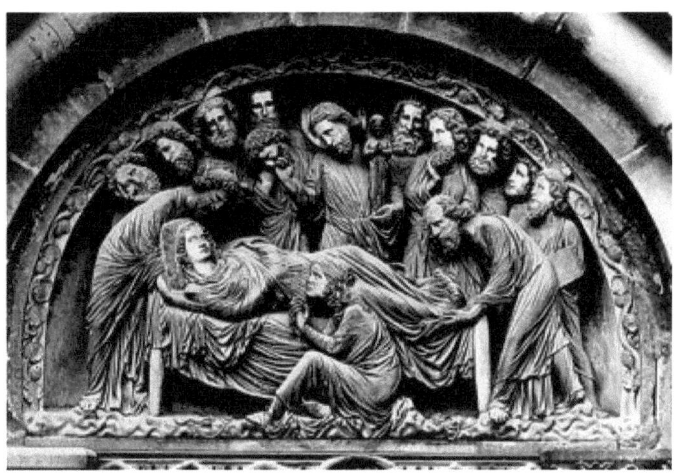

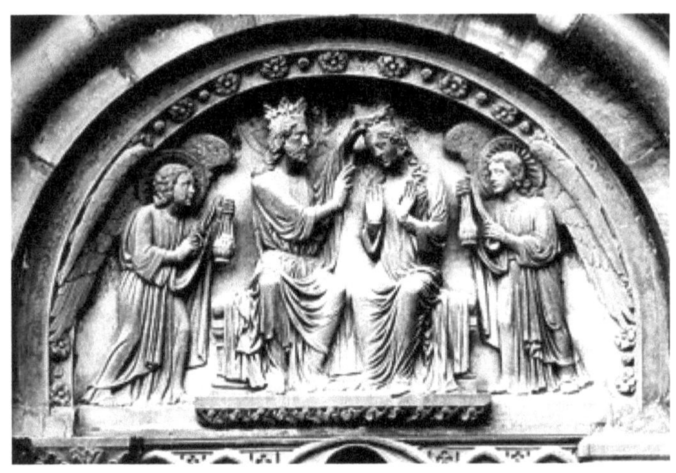

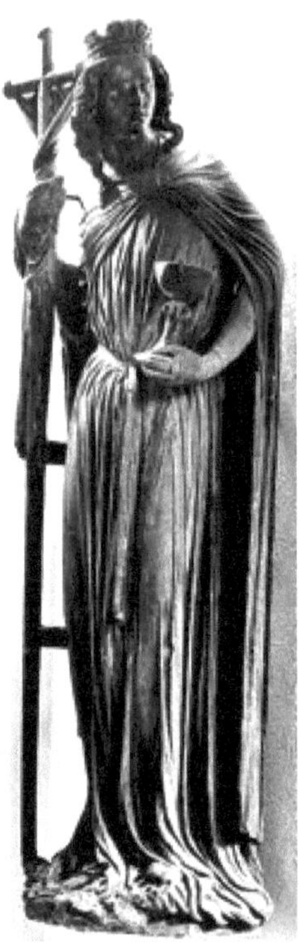

Abbildung 11: Musée de l'Œuvre Notre-Dame, Synagoge.

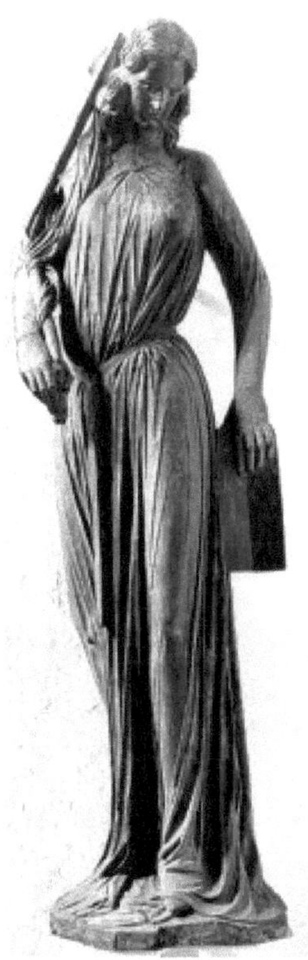

Abbildung 12: Straßburger Münster, Südquerhausportal, König.

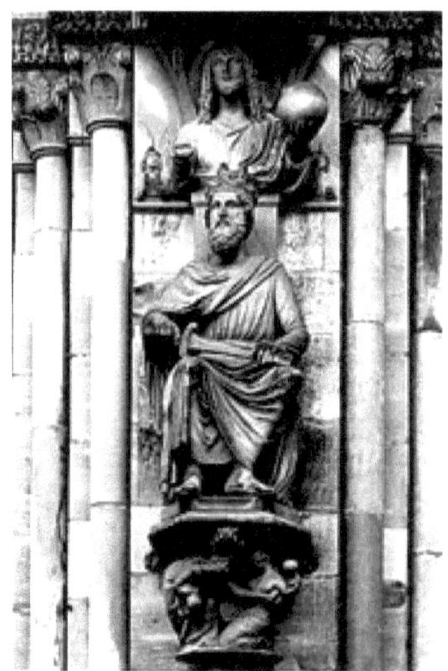

Abbildung 13: Straßburger Münster, Stich des Südquerhausportals von Isaak Brunn, Detailansicht: König.

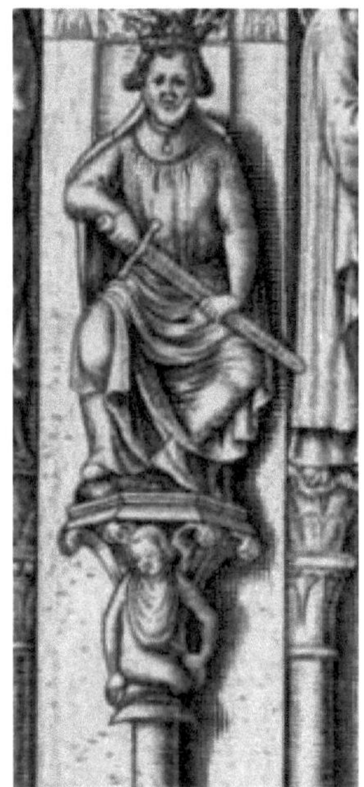

 Straßburger Münster, Gerichtspfeiler, Ende des 19. Jahrhunderts.

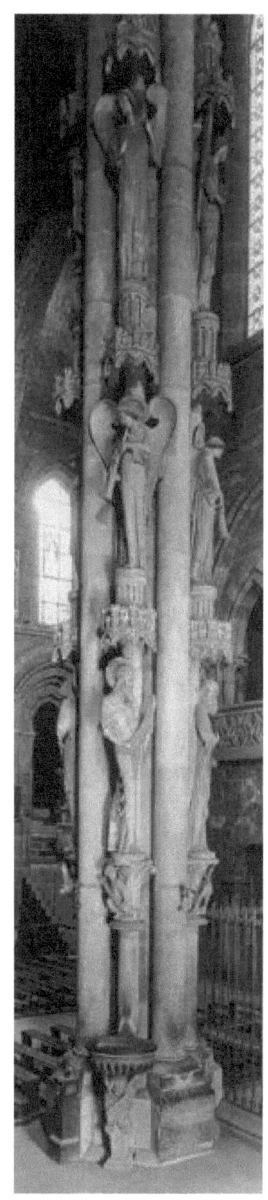

Abbildung 15: Straßburger Münster, Gerichtspfeiler, Evangelisten Matthäus und Lukas.

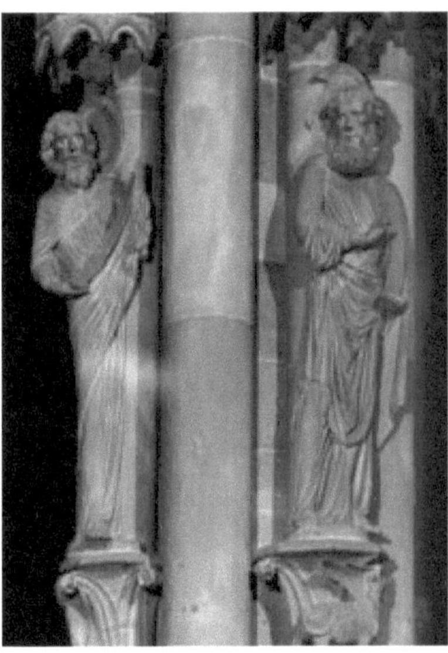

Abbildung 16: Straßburger Münster, Gerichtspfeiler, Evangelisten Markus und Johannes.

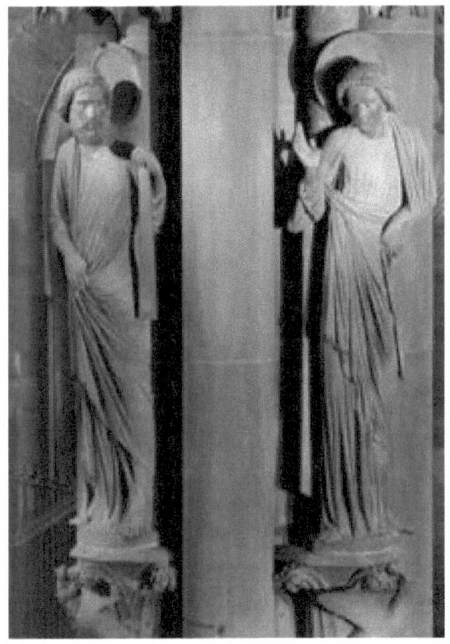

Abbildung 17: Straßburger Münster, Gerichtspfeiler, südöstlicher Posaunenengel.

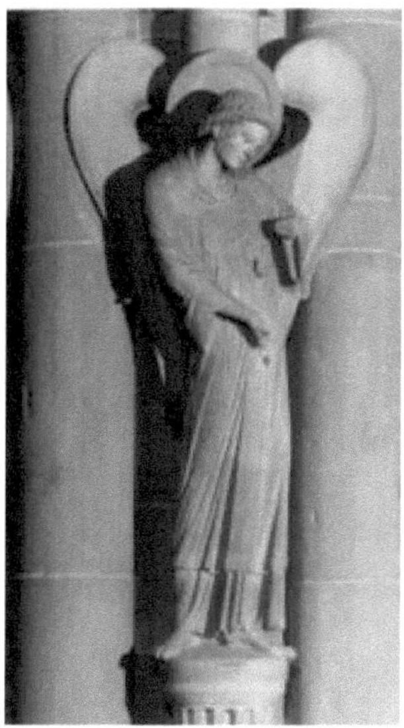

Abbildung 18: Sens, Kathedrale, mittleres Westportal, Archivolten rechts, Diakonmärtyrer.

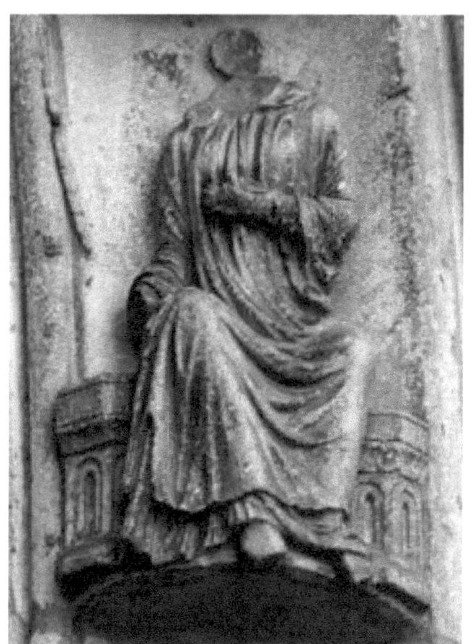

Abbildung 19: Sens, Kathedrale, mittleres Westportal, Archivolten links, Engel mit Buch.

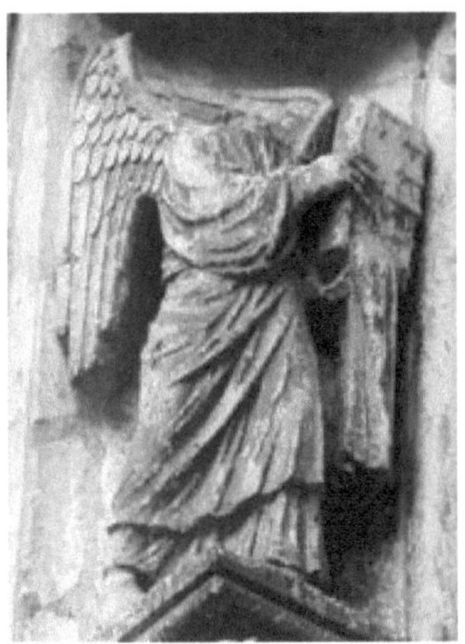

Abbildung 20: Sens, Kathedrale, mittleres Westportal, Archivolten links, Tugend/Beatitudo.

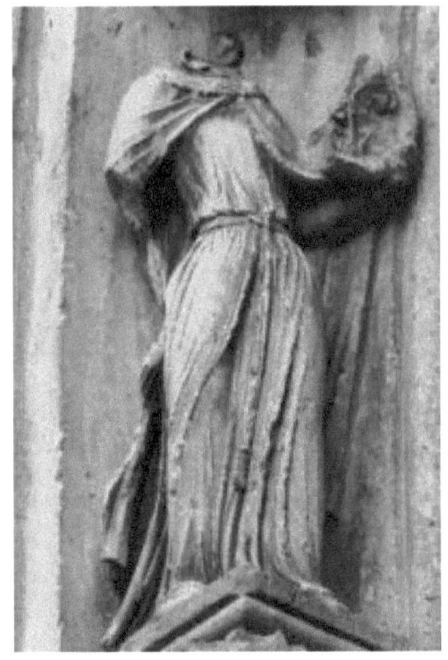

Abbildung 21: Sens, Kathedrale, mittleres Westportal, Hl. Stephanus.

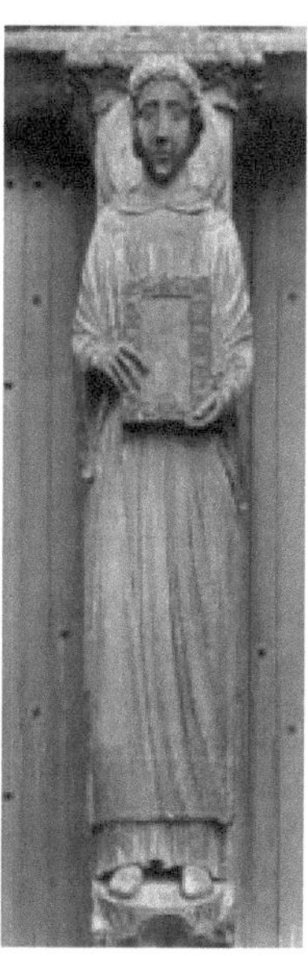

Abbildung 22: Reims, Kathedrale, rechtes Westportal, rechtes Gewände, Christophoren, Fotografie von 1914.

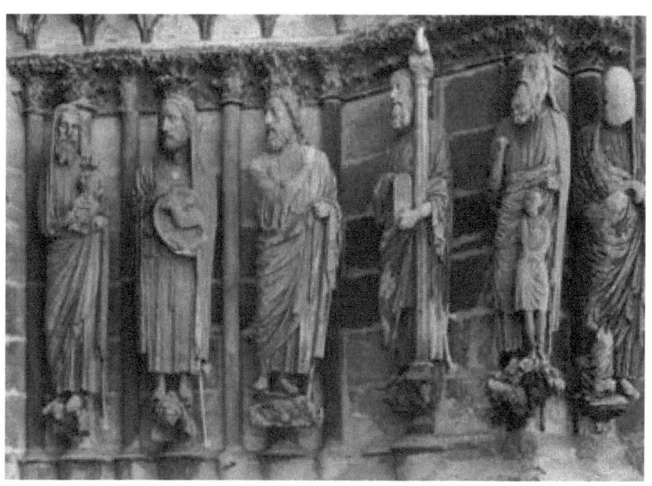

Abbildung 23: Reims, Kathedrale, Nordquerhaus, Weltgerichtsportal, Detailansicht: Christus als Weltenrichter.

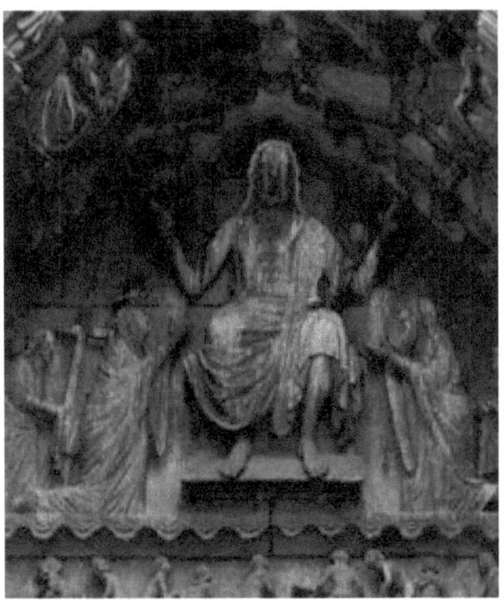

Abbildung 24: Straßburger Münster, Gerichtspfeiler, Christus.

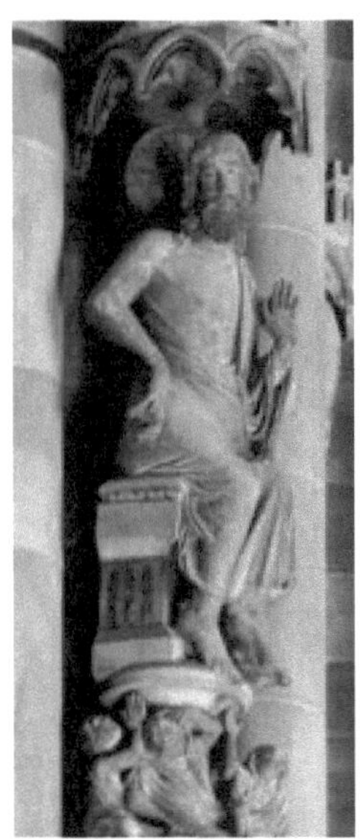